Noël

Nikalas Catlow
et
Tim Wesson

Texte français d'Isabelle Allard

Éditions
■SCHOLASTIC

Texte et illustrations de Nikalas Catlow et Tim Wesson
Copyright © Nikalas Catlow et dogonarock (R.-U.) Ltd., 2010.
Copyright © Éditions Scholastic, 2011, pour le texte français.
Tous droits réservés.

L'auteur et l'illustrateur ont revendiqué leurs droits conformément à la Copyright, Designs and Patents Act de 1988

Titre original : Seriously Silly Activities: Christmas
ISBN : 978-1-4431-0776-1

Il est interdit de reproduire, d'enregistrer ou de diffuser, en tout ou en partie, le présent ouvrage par quelque procédé que ce soit, électronique, mécanique, photographique, sonore, magnétique ou autre, sans avoir obtenu au préalable l'autorisation écrite de l'éditeur. Pour la photocopie ou autre moyen de reprographie, on doit obtenir un permis auprès d'Access Copyright, Canadian Copyright Licensing Agency, 1, rue Yonge, bureau 800, Toronto (Ontario) M5E 1E1 (téléphone : 1-800-893-5777).

Édition publiée par les Éditions Scholastic, 604, rue King Ouest, Toronto (Ontario) M5V 1E1
5 4 3 2 1   Imprimé au Canada 116   11 12 13 14 15

AVERTISSEMENT!

Ce livre de Noël est sérieusement drôle!

On a eu tellement de plaisir à faire ce livre qu'on s'est perdus dans la neige en grelottant à s'en faire tomber les dents!

Atelier des lutins

Ajoute des cadeaux dans la chaîne de production.

Test de friction

Rayons X

Élévateur

Baie de chargement

Flocons farceurs

Transforme ces flocons en cristaux rigolos et dessines-en d'autres de ton invention!

Trace le contour de ta main et décore-la!

Ajoute un arrière-plan!

Regarde-moi!

Observe cette image environ une minute, puis tourne la page.

Pas si vite, père Noël!

Écris l'histoire!

Associe ces personnages à leur ombre sur la page ci-contre.

# Chargeons le traîneau !

Donne quelque chose à transporter à ces lutins.

Dindo

Noël approche. Dindo sait que ses jours sont comptés.

Mais il a l'intention de s'évader avec un masque en crotte de dinde.

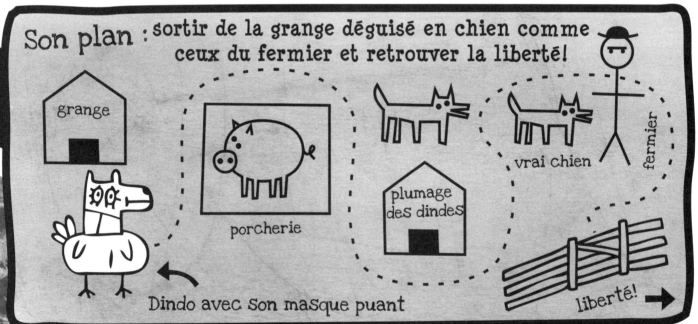

Son plan : sortir de la grange déguisé en chien comme ceux du fermier et retrouver la liberté!

grange — porcherie — plumage des dindes — vrai chien — fermier — liberté!

Dindo avec son masque puant

Le lendemain, Dindo se déguise.

Ouaf!

Il sort de la grange en plein soleil.

Tour de main

On a besoin de couleurs!

Trace le contour de ta main et ajoute des personnages.

Dessine ta main ici.

Donne-lui des airs de Noël!

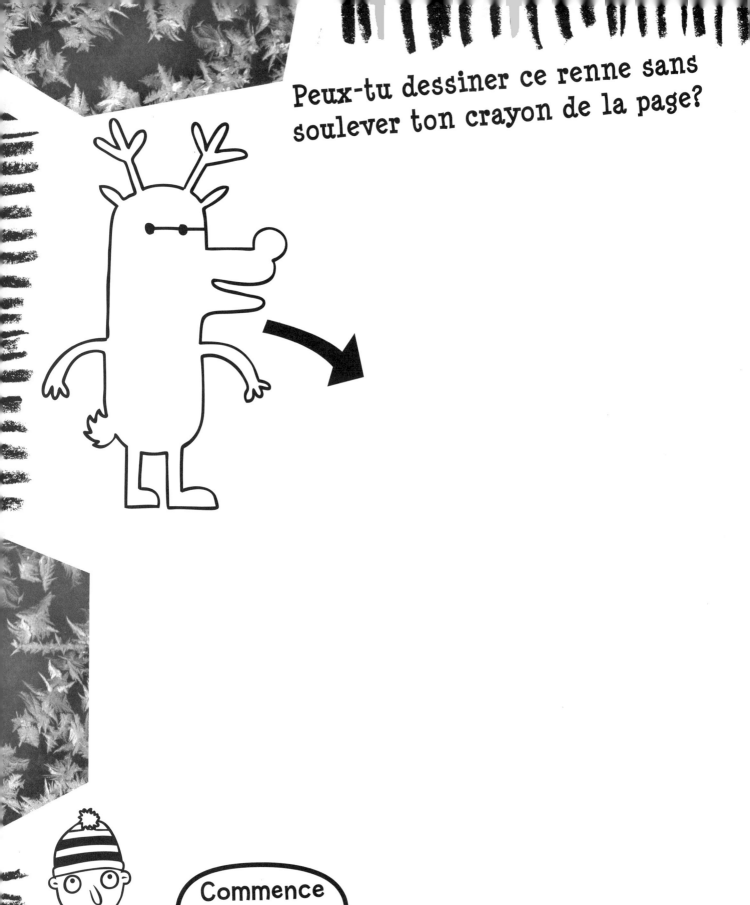

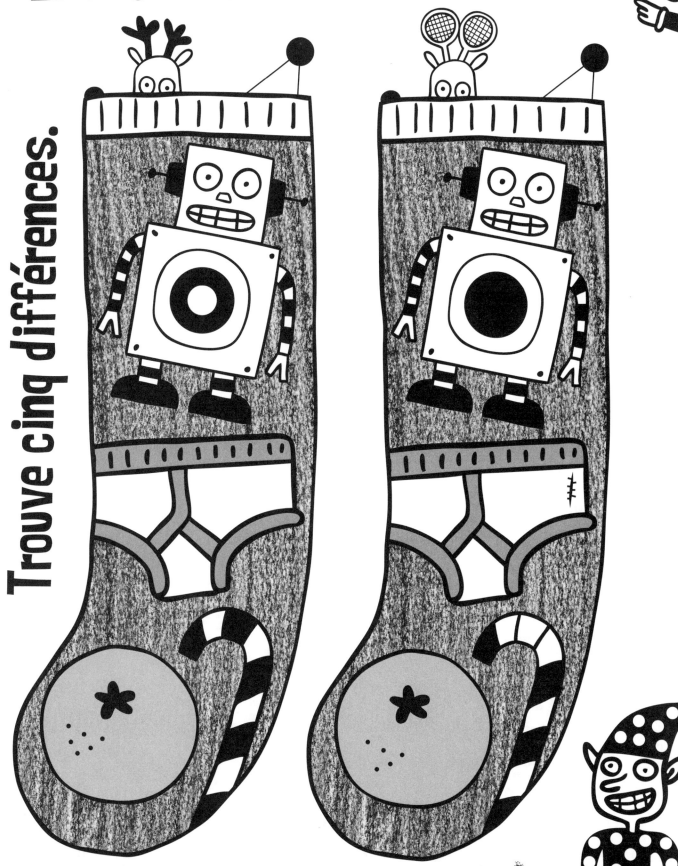

Préférerais-tu

être emballé comme un cadeau et envoyé à des lions...

Dessine-toi ici.

avoir la tête transformée en gâteau aux fruits?

Dessine ta tête ici.

Horizontalement
2. Eau gelée
5. Transporte le père Noël
7. 25 décembre
8. Le _____ au nez rouge
9. On en reçoit à Noël
10. Réchauffent les mains

Verticalement
1. Tombent du ciel
3. Décoration
4. Ils aident le père Noël
6. Sous le sapin

Ma liste

Cadeaux de Noël

Fais une liste des cadeaux que tu aimerais recevoir.

M. Sapin
Ajoute un peu d'action!

1
M. Sapin a l'air triste, car il n'est pas décoré.

2
Un lutin sort la tête et dit :
— Je vais t'aider.

3
Le lutin met des guirlandes de lumières sur M. Sapin.

4
Puis il ajoute des ornements brillants.

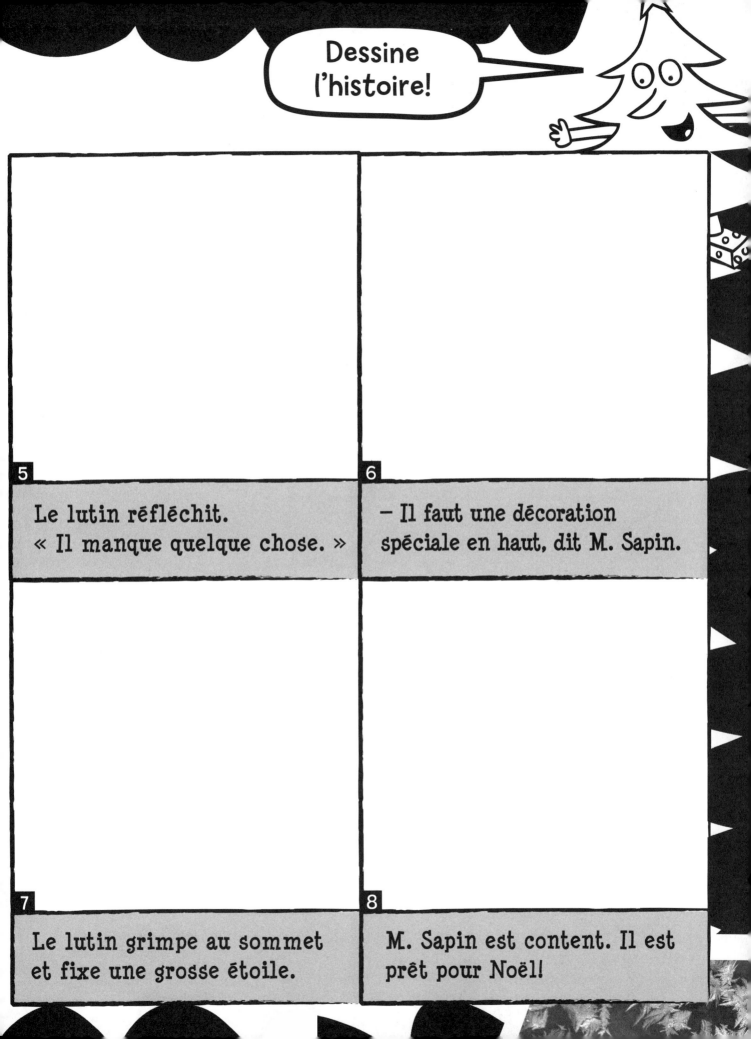

Drôles de bonshommes!

Donne-leur une allure comique!

Qui est le meilleur?
C'est toi qui décides!

Gâteau aérobique

Spécialité de Noël : Saut en étoile — 75

Arme secrète : _____

Force : _____

Don du réveillon : _____
_____

Robot-cadeau

Spécialité de Noël : Mastication   75

Arme secrète : _ _ _ _ _ _ _

Force : _ _ _ _ _ _ _ _ _ _ _

Don du réveillon : _ _ _ _ _ _ _ _ _ _

_ _ _ _ _ _ _ _ _ _ _ _ _ _ _

Préférerais-tu tomber dans le caraméliseur...

Dessine-toi ici.

caraméliseur

MAX

Le bonhomme de neige

Il était une fois un bonhomme de neige...

Mais il a fondu...

... et s'est transformé en flaque d'eau.

Le soleil a brillé toute la journée et la flaque s'est évaporée.

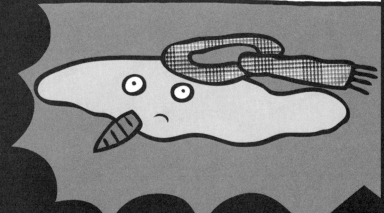

Elle est devenue un nuage.

Puis il a fait très froid et il a commencé à neiger.

Un garçon a joué dans la neige et a construit...

... un bonhomme de neige!

Les sports d'hiver

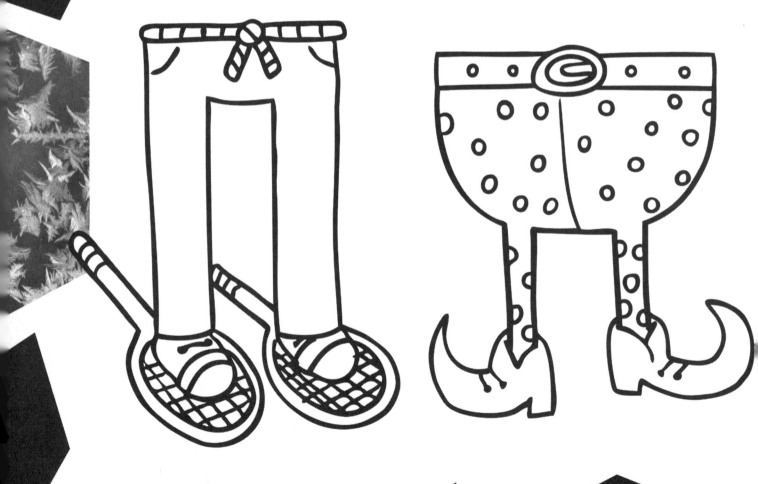

Donne des corps bizarres et des têtes farfelues à ces personnages.

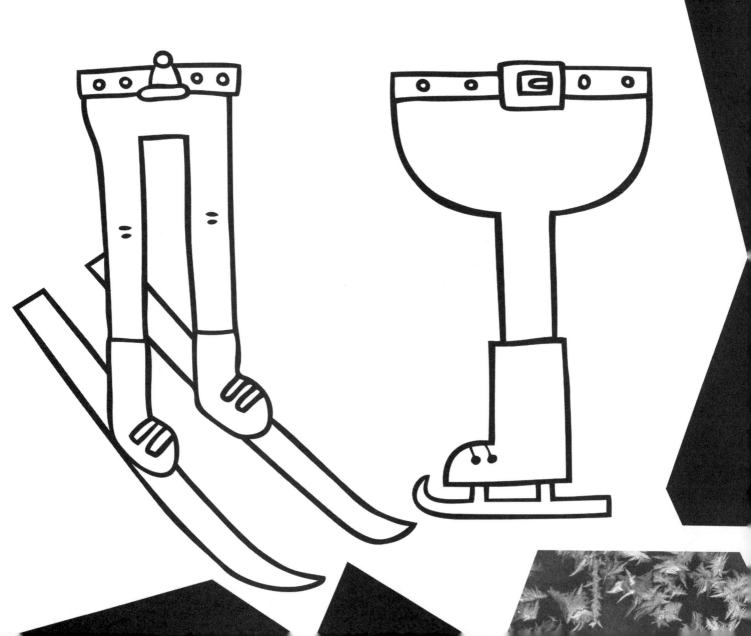

Crée ton propre père Noël ci-dessus.

Sage ou pas?

As-tu été sage ou vilain cette année?

Liste des mauvaises actions
1. J'ai mangé trop de bonbons.
2. J'ai fait trop de bruit.
3. J'ai pété à table.

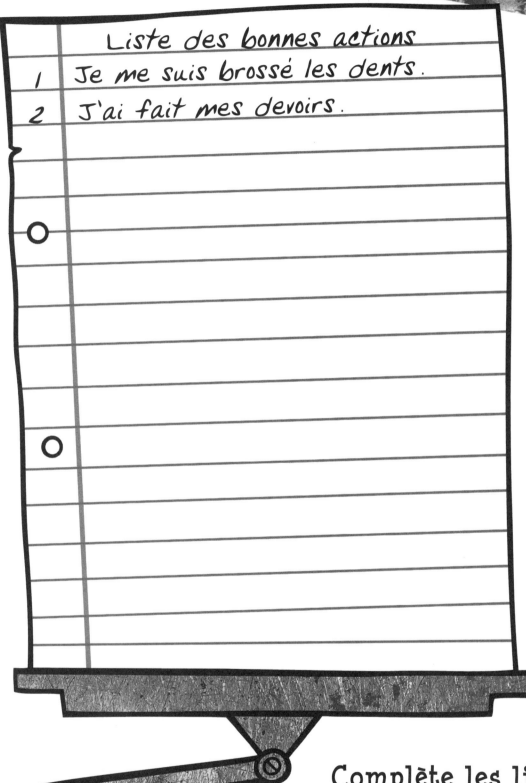

Liste des bonnes actions
1. Je me suis brossé les dents.
2. J'ai fait mes devoirs.

Complète les listes. Laquelle est la plus longue?

Jeu de jambes

Dessine-leur des jambes ridicules.

Momo le morse

Tu rêves!

- Spécialité : Plaquage — 80
- Arme secrète : _____
- Force : _____
- Action préférée : _____
  _____

Gribouillis!
Colorie et ajoute des détails.

Bois en délire

Dessine toutes sortes de ramures à ces rennes!

Je veux des tentacules d'extraterrestre!

Les mots croisés de Rodolphe

Horizontalement
5. On y range des livres
6. Couleur vive de Noël
7. Mari de la tante
8. Il fait fondre la neige

Verticalement
1. Il ronronne
2. Ce qu'on fait à une orange
3. Réchauffe la tête
4. Le père Noël y entre
5. Pour attacher un manteau

Regarde-moi!

Observe cette image environ une minute, puis tourne la page.

Maintenant...

Voyons si tu peux dessiner de mémoire l'image de la page précédente.

Sans tricher!

Copie ce dessin ci-dessous sans soulever ton crayon de la page.

Maintenant, voici une...

histoire de Noël sérieusement drôle

C'est la veille de la veille de Noël. Tous les lutins sont occupés à fabriquer et à emballer des cadeaux pour la GRANDE TOURNÉE du père Noël. Le lutin Boris fabrique des choux-fleurs sauteurs. Le lutin Sam aide le lutin Ludo à faire des _____ qui seront emballés plus tard par une équipe de super_____.

Remplis les espaces avec des mots absurdes.

Dans le bureau de l'atelier, les rennes Rodolphe et Furie étudient le trajet sur une _____ géante, qui, étrangement, est collée au plafond.

Soudain, le père Noël entre dans la pièce. Il a l'air malade.
— Oh! s'écrie Rodolphe. Vous avez mauvaise mine. Votre nez ressemble à un _____ et vos oreilles sont comme des _____.
— Je suis malade, se lamente Dan

(c'est le vrai nom du père Noël). Je crois que je vais devoir annuler ma GRANDE TOURNÉE.

— J'ai une idée! dit Furie. On va trouver quelqu'un pour vous remplacer.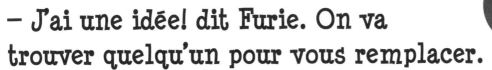
— Le lutin Ludo a une grosse barbe, ajoute Rodolphe.
— Il est trop mince, dit le père Noël.
— Pourquoi pas_____? Lui, il est gros! réplique Furie.
— Mais il n'a pas de barbe! proteste le père Noël.

Tout à coup, le père Noël (Dan) a une idée _____.
— Ils pourraient me remplacer TOUS LES DEUX! L'un est gros et l'autre a une barbe. Ils pourraient porter un grand manteau. Personne ne verrait la différence.

Et voilà comment le père Noël, la veille de Noël, est resté chez lui à boire une tasse de_____, en regardant _____ à la télévision.

Fin

L'enlèvement du père Noël

Par ici!
Par là!

Oh non! De méchants lutins ont kidnappé le père Noël pour avoir une augmentation de salaire.

Ils l'ont ligoté et enfermé dans une cabane sur la colline.

Mais une escouade...

Objectif en vue.

...de rennes vient à la rescousse!

Ils s'approchent sans bruit,